NOTICE

SUR

LA VIE ET LA MORT

DE

L'ABBÉ E. JOSSE

ANCIEN CURÉ DE MONT-DAUPHIN (SEINE-ET-MARNE),

PREMIER VICAIRE DE SAINT - LOUIS DE FONTAINEBLEAU,

DÉCÉDÉ LE 20 AOUT 1855

PAR

AUGUSTE - HOUDIN

Chef à Paris d'un Établissement de traitement et d'éducation
pour les Sourds-Muets ;
Secrétaire-général de la Société générale d'assistance
pour les Sourds-Muets de France,
Sous le patronage de S. M. l'Impératrice, etc.

———

Beati mortui qui in Domino moriuntur.
Bienheureux sont ceux qui meurent dans
le Seigneur.

APOCALYPSE.

FONTAINEBLEAU

CHEZ LACODRE, LIBRAIRE-ÉDITEUR,

PLACE AU CHARBON.

———

1855.

NOTICE

SUR LA VIE ET LA MORT

DE

L'ABBÉ E. JOSSE

I

Fontainebleau vient de rendre à là terre la dépouille mortelle de l'abbé E. Josse, premier vicaire de la paroisse, enlevé subitement au diocèse, à ses amis, à sa famille, dans la force de l'âge et du zèle apostolique.

La ville a fait au saint prêtre de magnifiques funérailles, des funérailles dignes d'elle et de lui : la population tout entière était à son convoi; l'affection du riche et la reconnaissance du pauvre lui ont été également fidèles au seuil de l'éternité, et les larmes de tous ont glorifié sa tombe.

Nulle voix cependant ne s'est élevée sur cette tombe à peine fermée aujourd'hui; nulle voix n'a osé, pour dire un dernier adieu au chrétien et au pasteur, distraire de son pieux recueillement la foule qui avait suivi son cercueil.

On a bien fait : le silence est la dignité de la mort; l'esprit est vide de phrases quand le cœur est plein de larmes, et, sur une tombe, la véritable douleur est muette. — On a bien fait, car on a montré du moins que c'était une véritable douleur celle-là qui conduisait à sa dernière demeure terrestre le corps du digne serviteur de Jésus-Christ.

Si c'est quelque chose de touchant et de solennel que les émotions et les larmes d'une voix amie venant apporter, au mort aimé, le suprême hommage et le suprême adieu d'une famille et d'une cité éplorées, c'est quelque chose de plus touchant et de plus solennel encore que la piété du recueillement, la résignation et le silence de la douleur chrétienne, et, sur la tombe de l'abbé Josse, cela n'était pas trop...

Mais, si convenable qu'il ait été, ce silence pourrait-il être convenablement perpétué? —

Nous ne le croyons pas. — La mort du juste est précieuse devant le Seigneur, elle a son prix aussi devant les hommes et il n'est pas bon qu'ils en perdent le souvenir. La mémoire de l'abbé Josse, tout imprégnée de la bonne odeur des vertus religieuses du prêtre et des vertus sociables de l'homme et du chrétien, sera toujours d'un salutaire exemple pour de pauvres êtres périssables dont toute la science et tous les devoirs se résument à apprendre à bien mourir, et il importe que cette mémoire vénérée ne tombe pas dans l'oubli. S'il est dans la loi de charité de pleurer les morts et de respecter en silence les larmes versées sur eux, il est aussi dans la loi de charité d'évoquer leurs vertus pour l'enseignement des vivants.

Rompant le silence respectueux qui s'est fait autour de sa tombe, nous consacrons donc à la mémoire du digne abbé Josse la courte notice qu'on va lire.

Honoré par lui d'une amitié qui nous était chère et qui lui était largement rendue, nous avons appris à le connaître, et nous savons la manière de rendre à son nom l'hommage qui lui est dû sans encourir de là-haut aucun désaveu de sa belle âme : cette notice sera écrite avec le cœur, et elle sera simple comme il l'a été lui-même dans le cours de sa vie modeste et sur son lit de mort.

II

L'abbé Josse (Antoine-Edme), est né à Montereau-faut-Yonne, (Seine-et-Marne), le 17 août 1810. Enfant du diocèse, il était par conséquent âgé de 45 ans et trois jours lorsque Dieu l'a rappelé à lui. Né d'une de ces honorables familles d'artisans, sur lesquelles semble s'être plus particulièrement concentré le poids de la malédiction originelle et qui gagnent littéralement leur pain à la sueur de leurs fronts, il y puisa deux choses qui siéent bien au prêtre de Jésus-Christ, et qui l'ont surtout distingué dans le cours de sa vie sacerdotale, l'amour du travail et l'amour du pauvre. La grâce de la vocation se fit sentir de bonne heure au jeune Josse. Entré en 1824 au petit séminaire d'Avon, il y fit de bonnes études et s'y fit remarquer déjà par ce caractère ouvert et cette piété simple qu'on lui a connus plus tard, et qui, comme homme et comme prêtre, lui valurent tant et de si ardentes sympathies. Il continua ses études au grand séminaire de Meaux, et s'y distingua surtout par sa belle conduite pendant l'épidémie de 1852. Le choléra décimait la ville : encore sur les bancs de l'école, (il était en philosophie). il se dévoua entièrement pour les victimes du terrible fléau, et préludait ainsi par le sacrifice de lui-même à la grande mission sacerdotale, toute de sacrifices, dont il devait plus tard être revêtu. Le Séminaire tout entier fut, du reste, à cette triste époque, admirable de dévoûment, et. c'est au milieu de ce dévoûment même que le jeune Josse trouva encore le moyen de se distinguer ; on l'a vu, entr'autres faits, courir chez les cholériques, les prendre à bras-le-corps, les porter lui-même à l'hôpital où un service de secours était organisé, et continuer ainsi avec une soutane toute couverte des vomissements des moribonds. Il revint en 1833 à Avon, en qualité de professeur. La question de sa promotion prochaine au sous-diaconat était alors la grande préoccupation de son esprit ; et sur cette question, son âme loyale hésita quelque temps à prendre un parti, pour laisser à sa conscience le temps d'interroger plus mûrement sa vocation et ses forces. Dans ces entretiens intimes qu'en pareille circonstance l'homme se livre à lui-même en présence de Dieu, et dans lesquels Dieu lui-même intervient comme arbitre, le jeune lévite fut confirmé dans ses premières inspirations. Dans le cours de l'année 1834, il prononça ses vœux irrévocables et fut promu au sous-diaconat. Diacre en 1835, il reçut l'ordination sacerdotale le 17 décembre 1836.

Nommé immédiatement à la cure de Mont-Dauphin (Seine-et-Marne), il était installé en cette qualité dès le 20 du même mois. Il déploya dans l'exercice du ministère sacré une grande activité. Chargé, pendant les sept années qu'il y resta, du service religieux de Mont-Dauphin et des environs, dans lesquels se trouvait la desserte de Montalivet, il s'acquitta de sa mission sainte de manière à se concilier au plus haut degré l'affection, le respect et la reconnaissance de tous ses paroissiens.

Et ceci n'est point un éloge banal, une de ces phrases vides de sens qu'on jette volontiers sur une tombe par déférence ou par habitude ; c'est au contraire une phrase d'une valeur réelle, l'expression rigoureuse de la vérité, et, par conséquent, l'éloge le plus sérieux qu'on puisse faire de l'homme et du prêtre.

L'abbé Josse sut se faire aimer réellement, profondément ; il laissa dans sa paroisse des souvenirs si chers et des affections si durables que douze ans après son départ, la veille de sa mort, à vingt-cinq lieues de distance, ses an-

ciens paroissiens venaient encore le voir à Fontainebleau. Un ancien médecin de la commune, retiré aujourd'hui dans cette ville, nous
disait, presque les larmes aux yeux et avec
l'accent d'une vénération profonde pour celui
qui n'est plus, qu'il n'était pas allé une seule
fois à Mont-Dauphin depuis le départ de M. Josse
sans être pressé par les habitants de questions
et d'expressions telles que celles-ci : Et com-
ment se porte le digne abbé Josse? Donnez-
nous des nouvelles de notre bon curé? Que nous
le regrettons! que nous l'aimions! Nons ne l'ou-
blierons jamais! Ajoutons que l'abbé Josse sut
aussi, et surtout, faire aimer en lui le caractère
sacré dont il était revêtu et la sublime religion
dont il était le ministre. Sous ce rapport son
influence fut immense au milieu de son peuple.
Un pauvre berger, marié par lui il y a plus de
quinze ans, n'a pas oublié une seule des bonnes
paroles que le saint prêtre lui adressa alors sous
forme d'exhortation au pied de l'autel, et les rappelait naguère encore avec émotion au médecin
dont il vient d'être parlé. Un propriétaire de
la commune, magistrat, devenu conseiller à la
cour de cassation, entouré à Paris de toutes les
sommités ecclésiastiques, voulut à ses derniers
moments mourir en chrétien dans les bras de

son ancien curé, et fit à cet effet mander l'abbé Josse à Paris.

Hélas! nous savons tous combien les affections de la terre sont généralement fugitives; nous savons tous combien la distance les affaiblit et combien l'absence en disperse vite les derniers vestiges; c'est donc le cas de le répéter : ces affections, ce respect, cette reconnaissance qu'a su inspirer et mériter l'abbé Josse, et qui ont résisté à la distance, à l'absence, au temps, et dans le cœur du magistrat lettré et dans celui du pauvre travailleur inculte auxquels il a fait également aimer sa foi sainte à l'égal de lui-même, ne sont point un éloge banal, mais le plus sérieux éloge qu'on puisse faire de l'homme et du prêtre. Allons plus loin : en présence d'un tel résultat, on ne peut s'empêcher de dire de l'abbé Josse, avec ses paroissiens, qu'il fût un *bon curé*, et quand on sait tout ce que ces deux mots renferment de zèle, de dévoûment, d'abnégation, de labeurs, de sacrifices, de sollicitudes et de miséricordes, on sent qu'on ne fait pas seulement le plus sérieux, mais le suprême éloge d'un homme.

III

Cependant, l'activité naturelle de l'abbé Josse

devait se trouver trop à l'étroit dans la cure de Mont-Dauphin. A cet esprit toujours occupé, à ce prêtre incessamment actif, à ce cœur éminemment sociable, la ville convenait infiniment mieux. Le cultivateur part aux champs dès le lever du soleil et laisse, pendant six jours de la semaine, son pasteur isolé ; à la ville au contraire, le travail retient d'ordinaire l'habitant chez lui, autour du clocher de la paroisse, et à touté heure de jour les relations sont possibles. Et puis les misères physiques comme les misères morales sont incomparablement plus nombreuses à la ville qu'à la campagne, et le cœur, qui a tous les instincts et tous les besoins de la charité, y arrive plus facilement au but de ses désirs : il trouve plus facilement à s'y consumer.

Nommé vicaire à Fontainebleau, l'abbé Josse y fût installé le 15 novembre 1843. Son âge, ou plutôt la date de son ordination lui avait donné à cette époque le troisième rang parmi les vicaires. Il devint deuxième vicaire en décembre 1849, par suite du départ de M. Oudry, et premier vicaire le 20 février 1851, par suite du départ de M. Lamiche.

C'est à Fontainebleau, où il est resté douze ans, que nous l'avons connu, et que des relations fréquentes et amicales nous ont mis à même de l'apprécier complétement.

Ame droite, cœur dévoué, nous avons retrouvé en lui le caractère ouvert et la foi simple de ses premières années, et il nous a été facile d'y reconnaître le curé de Mont-Dauphin, tel que nous venons d'essayer de le dépeindre. Franc, loyal, sincère, il était impossible de voir deux fois l'abbé Josse sans éprouver le besoin de lui serrer la main et de le compter parmi ses amis. Sa franchise, sa loyauté, sa sincérité étaient si naturelles et si convenablement expansives qu'elles vous gagnaient l'âme comme une étincelle électrique et vous mettaient de suite à l'aise avec lui comme avec un vieil ami d'enfance. Il est douteux que le plus profond hypocrite ait pu se tenir un instant sur la réserve et dans la dissimulation en regardant l'abbé Josse en face; il me paraît plus douteux encore que le cœur le plus froid ait pu sortir de chez lui sans s'être réchauffé à son contact, et sans avoir goûté les premiers charmes de l'amitié. Toutes les misères, toutes les douleurs trouvaient un écho dans le cœur de l'abbé Josse; le malheur lui était sympathique; son noble cœur allait au malheur comme le fer va à l'aimant. Digne disciple du divin Maître qui disait : « *Je ne suis envoyé que pour les brebis perdues de la maison d'Israël,* » il sentait que son ministère de grâce et de miséricorde était plutôt fait pour les malheureux de la terre que pour ses heureux ; digne représentant du vrai Dieu, il reconnaissait dans le malheur les visites de la Providence qui ne frappe que pour épurer, et, dans le malheureux, il aimait le visité du Seigneur. Les rapports d'amitié qui se sont établis entre nous ont pour date le malheur et pour origine des peines qui nous étaient personnelles ; dès les premières relations, nous l'avons vu pleurer en nous consolant et en nous donnant des preuves de son entier dévoûment. — C'est surtout la population ouvrière de Fontainebleau, et, entre toutes les professions, une des plus malheureuses et des plus dignes d'intérêt, celle des carriers, qui a été à même d'apprécier tout ce qu'il y avait de bon et de grand dans le cœur de notre saint ami. Affectueux pour tous ces ouvriers, presque familier avec chacun à force de les voir, il n'en est aucun, parmi ceux que la maladie ou la misère a frappés, qui n'ait reçu des marques de sa charité. Quand le secours moral de son saint ministère était insuffisant, ce n'était pas seulement son cœur mais sa bourse qui leur était ouverte : « *J'ai pitié de ce peu-*

ple, car il y a trois jours qu'ils sont avec moi et ils n'ont pas de quoi manger; et je ne veux pas les renvoyer à jeûn, de peur qu'ils ne défaillent en chemin. » Ainsi parlait, ainsi faisait le divin Maître; ainsi pensait, ainsi faisait l'abbé Josse. Aussi sommes-nous convaincu que la lecture de cette notice, écrite surtout en vue de la population ouvrière, réveillera dans presque tous les cœurs le souvenir de quelque bienfait, et que pas un ne manquera de donner en secret une larme ou une prière à la mémoire du digne pasteur qui les a visités.

Nous avons dit que l'abbé Josse avait puisé dans son enfance l'amour du pauvre; fils d'ouvrier, il savait en effet ce qu'il y a de bon dans le cœur de l'artisan honnête; il l'appréciait et savait en tirer parti au nom de sa religion. Son caractère, ses manières simples et ouvertes semblaient, d'ailleurs, l'avoir prédestiné à être le prêtre du pauvre. Par sa saisissante simplicité, l'Évangile est le livre des simples, comme par ses divins enseignements il est le livre des pauvres, et nul ne pouvait le leur interpréter plus complément que l'abbé Josse, qui, en même temps qu'il en pratiquait pour leurs cœurs les sublimes préceptes, en avait pour leur intelligence la simplicité de langage et la simplicité d'esprit.

Qu'on ne croie pas cependant que cette simplicité de langage et cette simplicité d'esprit fussent de la bonhomie. Non, si l'esprit de l'abbé Josse avait la simplicité de l'Évangile, il en avait aussi la profondeur comme son cœur en avait tous les dévoûments. Et, dans son empressement à faire le bien, il savait parfaitement apprécier ceux qui en étaient les objets. En général, il plaçait aussi bien ses bienfaits que ses sympathies. Il savait aussi bien que le poëte, que,

Les bienfaits mal placés ne sont pas des bienfaits.

En un mot, il réalisait ce mot de l'Évangile : « Prudent comme le serpent, simple comme la colombe. »

Egalement apprécié et aimé de la partie lettrée de la population, l'abbé Josse avait chez le riche les mêmes sympathies que chez le pauvre, et ses relations dans la ville étaient générales. Quand nous n'aurions à invoquer que ces soins touchants et dévoués dont il a été l'objet à son lit de mort dans la famille amie qui lui a fermé les yeux, la preuve des sentiments qu'on lui portait serait déjà faite; mais nous avons encore mieux, nous avons l'imposant spectacle de son convoi où toutes les classes de la population se confondaient dans un commun empresse- ment, dans une commune douleur.

Dévoué à son devoir au-delà de toute me- sure, nous l'avons vu, au moment où il était le plus malade, s'effrayer d'un repos que l'art lui prescrivait comme une condition indispensable de guérison; quelques jours seulement avant sa mort, il écrivait à son évêque pour le supplier de ne pas écouter ceux qui sollicitaient pour lui ce repos qu'en réponse son supérieur lui proposait lui-même dans les termes les plus flat- teurs.

L'abbé Josse tenait à la vie; il y était heu- reux parce que son cœur y avait des affections et parce que, malgré toute la modestie possible, il avait le sentiment du bien qu'il y faisait ; il y était heureux, parce que, aimer et faire le bien, était le dernier terme de ses désirs, le der- nier mot de ses besoins; et cependant, l'amour du devoir et du travail le poussa évidemment jusqu'à compromettre cette vie si douce pour lui, si utile aux autres. Chaque fois qu'il resta malade et alité, ce fut à la suite d'un excès de travail.

Nous n'avons rien dit de son aimable ca- ractère ; il faut en dire un mot, car c'est encore là un des beaux côtés de sa belle âme. Doué d'une gaîté calme et douce, toujours égale, toujours digne, l'abbé Josse la conserva non-seulement dans toutes ses relations officieuses et officielles, mais encore dans les peines de famille et jusque dans les tortures de la maladie. « *L'homme né de la femme*, dit le sage, *vit peu de jours et il est rassasié de misères.* » Quoique parfaitement heureux en apparence, l'abbé Josse ne fut pas plus que les autres exempt de soucis et de peines; mais habitué qu'il était à tout recevoir de la main de Dieu avec douceur et résignation, la parfaite sérénité de son visage et de ses manières n'en fut jamais altérée autrement que dans ses relations les plus intimes. Et encore, même dans ces relations, refoulait-il autant que possible au-dedans de lui-même, pour ne pas affliger ses amis, ses préoccupations et ses chagrins, et ce qu'on retrouvait encore sur ses lèvres, c'est un sourire affable et non pas une plainte. L'affliction est la pierre de touche du sage, l'abbé Josse sortit en sage de toutes ses épreuves, car il en sortit victorieux.

Une personne amie, allant un jour lui demander un service personnel se rattachant à son ministère, le trouva s'entretenant tranquille-

ment avec quelques visiteurs. Les visiteurs se lè-
vent au bout de quelques instants et l'abbé
Josse les reconduit avec affabilité; mais, aussitôt
la porte fermée, sa figure pâlit, une sueur froide
inonde son front, ses traits se contractent, et
l'excellent abbé, se jetant sur un canapé, se tord
dans les douleurs d'une crise nerveuse violente. Qu'était-il arrivé? Le pauvre malade avait
senti venir cette crise, il souffrait depuis une
demi-heure, et pendant tout le temps qu'avait
duré la visite, il avait eu assez de force de volonté non-seulement pour en retarder l'explosion,
mais encore pour en dissimuler complétement
les angoisses et les douleurs! Témoin de ses
souffrances la personne présente pleurait, il s'en
aperçoit, fait un nouvel effort de volonté et
trouve la force de lui tendre la main et de sourire! « Ce n'est rien, lui dit-il, parlons de vous,
vous venez me demander telle chose, elle sera
faite. » L'affabilité et la bonté avait ici dominé
et vaincu la douleur elle-même. Ah! c'est à
vous, noble cœur, vrai cœur de chrétien, et non
pas au sage de l'antiquité, qu'il appartient de
dire : *Douleur, tu n'es qu'un mot!*

Comme le seul témoin des souffrances du
pauvre malade voulait appeler à son secours la
personne attachée à son service, « Non, non!

s'empressa-t-il de dire, ne l'appelez pas, *je lui ferais de la peine.* » Tout l'homme est dans ce mot.

Citons à ce propos une circonstance de son enfance qui le révèle encore tout entier. Tout enfant, il lui arrivait assez souvent (et ceci était peut-être les premières atteintes de la maladie qui nous l'a enlevé) de perdre subitement connaissance au milieu de ses jeux. Quand il se sentait défaillir, il disait tranquillement à ses petits camarades : « *Attendez, je vais me trouver mal ; quand je me serai trouvé mal, nous jouerons.* » Quel charmant caractère ! que de naturel et de naïve résignation dans cette douce expression d'un enfant arrêté par la douleur au milieu de ses jeux ! Dans ce petit être, à peine sorti des langes de l'enfance, il y avait déjà l'esprit et le cœur d'un chrétien accompli.

L'abbé Josse est mort un lundi, le samedi précédent, pouvant à peine se porter, il s'était rendu chez un ami souffrant aussi et chargé d'occupations. Qu'était venu faire là ce malade qui était à l'avant-veille de sa mort ? Chercher quelqu'encouragement, demander quelque service, réclamer des soins ? Non, il venait au contraire en apporter. Il fait ses recommandations avec une sollicitude paternelle, la sollicitude du bon pasteur qui souffre, non de ses souffrances, mais de celles des siens; il offre ses services, se charge d'une démarche qui doit être sa dernière; et, sur la réponse de son interlocuteur, trahissant certaines inquiétudes sur sa santé, à lui, il répond : « Ah! ne vous occupez pas de moi, je ne suis pas malade! » Et cependant il souffrait! il devait sentir déjà le froid de la mort qui étendait la main sur lui!... Voilà bien l'homme de l'Évangile, plein de sollicitudes pour les autres, indifférent à lui-même !

IV

Devenu homme, M Josse avait joui jusqu'à l'année dernière d'une excellente santé, et jusqu'à cette époque, il disait d'un air heureux à qui voulait l'entendre : « qu'il n'avait jamais été malade. » Surpris dans le courant du mois d'août, à la suite des fatigues extraordinaires que lui avait occasionnées la fête de l'Assomption, par la maladie à laquelle il devait succomber (une affection nerveuse qui avait sa source dans un organe essentiel à la vie et dont le siége précis n'a pas été déterminé), il tomba une première fois et tout à coup sans connaissance, comme frappé de la foudre. Il resta une quinzaine de jours alité à la suite de cette chute qu'on prit en ville pour une attaque de choléra. Rétabli, il reprit aussitôt son service et au mois de novembre suivant, après les solennités de la Toussaint et du jour des Morts, il eut une seconde chute un peu plus grave que la première, à la suite de laquelle il resta trois semaines au lit. Affecté après son rétablissement de malaises et d'étouffements presqu'incessants, il se décida à aller consulter à Paris plusieurs médecins, entre autres les docteurs Trousseau et Blanchet ; ce dernier lui ayant proposé l'emploi d'un moyen énergique, consistant en cautérisations, au fer rouge, sur le trajet de la moëlle épinière, il s'y soumit et se rendit à Paris au mois de juillet dernier pour subir cette douloureuse opération. Il revint sans se sentir positivement soulagé, mais comptant néanmoins sur les effets du traitement. C'est après ce dernier voyage qu'un repos absolu lui avait été prescrit. Il ne put se décider à s'y soumettre. Insister auprès de lui à ce sujet, c'était visiblement l'affliger, et ceux de ses amis qui prenaient le plus d'intérêt à sa position se virent, par esprit de ménagement, contraints d'y renoncer. Un nouveau voyage à Paris dans les premiers jours d'août, pendant lequel le malade fut soumis à l'action de l'électricité, fut suivi de quelque 'amélioration ; mais, vers le 15 août, les traits du pauvre abbé étaient plus visiblement altérés, et il était difficile de ne pas redouter quelqu'issue fatale ou tout au moins quelque déplorable com- ·plication. Ce jour-là, nous eûmes l'occasion de le voir à plusieurs reprises, et il nous parut extrême- ment fatigué. Deux fois nous le trouvâmes assis dans la cour du presbytère, et cette circons- tance nous frappa, car nous ne l'y avions jamais rencontré que debout, allant, venant, agissant en un mot. Les deux étages qu'il avait à monter pour se rendre chez lui l'effrayaient. Lui-même paraissait mieux sentir la gravité de son état, et, quoique toujours souriant et presque enjoué, comme nous lui disions en le quittant : « Nous vous verrons bientôt à Paris. » Oh ! oui, trop tôt *malheureusement*, répondit-il, faisant allu- sion à son mal qu'il supposait devoir le ramener bientôt dans la capitale.

Hélas ! il se trompait : huit jours après, jour pour jour, et presqu'à la même heure, on descen- dait son cercueil dans le tombeau !

V

Le dimanche matin 19 août, M. le curé et ses vicaires étaient partis pour Meaux ; M. Josse restait seul à Fontainebleau avec M. Desliens, aumônier du couvent des Dames de Saint-Joseph.

Après avoir assisté à la grand'messe, fait le prône qui fût son dernier, et assisté aux offices de l'après-midi, il se rendit dans une famille amie de la rue Saint-Merry, où il devait dîner et passer la soirée. C'est au milieu de cette famille qu'il rendit le dernier soupir.

On nous a fait remarquer cette circonstance que l'abbé Josse avait répondu au chef de la famille, M. Leclerc, qui, quelques jours auparavant, l'invitait à dîner pour le dimanche : « Mon intention était d'aller dîner chez vous dimanche ; quand même vous ne m'auriez pas invité, j'y serais allé. » Le pauvre abbé, mourant, a manifesté plus tard la satisfaction qu'il éprouvait de mourir entouré d'amis ; est-ce le doigt de Dieu qui le conduisait secrètement, au jour marqué, dans la maison hospitalière, afin de ménager à son serviteur cet adoucissement à ses dernières souffrances ?

On se mit à table à six heures. Le docteur Escalonne était au nombre des convives. Après le dîner, l'abbé Josse s'entretint comme d'ordinaire avec les personnes présentes ; mais aussitôt que ces personnes furent parties, c'est-à-dire vers neuf heures, le pauvre abbé qui souffrait depuis quelques instants et qui, selon sa charitable habitude, était parvenu à le dissimuler complétement, ne pût se contenir davantage; s'affaissant sur un canapé, il éprouva une crise plus violente encore que les deux grandes crises de l'année précédente. Les poumons ne fonctionnaient plus ; l'air et la vie semblaient le fuir; il étouffait. « Cette crise est la dernière, disait-il, elle est plus violente que toutes les autres. » Par les soins du docteur Escalonne, la crise se calma enfin. Mais la nuit tout entière n'en fût pas moins encore une nuit de souffrances et d'angoisses. Le docteur Escalonne passa la nuit avec la famille Leclerc, au chevet du malade qui, sur son refus de se laisser transporter chez lui après la crise du soir, avait été placé au lit et installé dans une chambre vacante. Cette chambre était, par parenthèse, la même où l'abbé Josse avait successivement assisté à leurs derniers moments divers membres de la famille de M. Baudesson, le propriétaire de la maison, et M. Baudesson lui-même.

Le lundi matin, il y eut un peu de calme. On fit alors avertir M. l'abbé Desliens, le seul prêtre, comme on sait, qui fût resté à Fontainebleau avec l'abbé Josse. M. Desliens accourut aussitôt. Il était environ huit heures. « Oh ! mon pauvre ami! lui dit l'abbé Josse, en lui serrant la main, que j'ai souffert cette nuit! et que j'ai pleuré!... J'ai cru mourir! » Et il ajouta : « Voulez-vous recevoir ma confession? » M. Desliens, qui avait quitté le veille, à l'issue des vêpres, l'abbé Josse, bien portant en apparence, ne pût dominer son étonnement et son émotion, et ce ne fut qu'après avoir reçu du médecin présent l'assurance que c'était pour lui un devoir d'entretenir son ami des suprêmes adieux de la mort que, les larmes aux yeux, il lui parla le langage de la foi, reçut sa confession et s'apprêta à lui administrer l'Extrême-Onction. Après la confession, le pieux mourant, visiblement soulagé par le sentiment du grand devoir qu'il venait d'accomplir, répondit aux paroles sacramentelles, en s'adressant au Dieu qui est le maître souverain de la vie et de la mort : *Que votre volonté soit faite !*

A partir de ce moment, l'abbé Josse montra un calme et une résignation plus sensibles que jamais, et ce n'est pas peu dire, car, durant cette nuit de douleurs qu'il venait de traverser, pas une plainte n'était sortie de sa bouche relativement à ses souffrances. Dans l'intervalle des crises et des vomissements dont il avait été aussi atteint, toutes ses paroles avaient été pour ceux qui l'entouraient. Il leur exprimait toujours ses regrets des peines qu'il leur causait, sans pouvoir cependant renoncer à exprimer sa satisfaction de se voir ainsi mourir entouré d'amis. A partir de ce même moment, il parut avoir un sentiment plus clair de la gravité de sa position : il est d'usage, dans l'administration du sacrement de l'Extrême-Onction, de dire les litanies des Saints avant de faire les onctions qui sont l'essentiel du sacrement, mais lorsque le cas est pressant, on fait d'abord les onctions et on dit ensuite les prières si on en a le temps ; le malade, s'apercevant que M. Desliens était prêt, lui recommanda de lui-même de commencer par les onctions. — Quand le sacrement fut administré l'abbé Josse pria M. Desliens d'organiser une consultation de trois médecins qu'il lui désigna ; c'était le dernier appel fait à la science humaine, le dernier effort d'un cœur qui, plein de l'amour de Dieu, se rattachait pourtant encore à ses amis de la terre, qu'il regrettait de quitter. Par les soins de M. Desliens, MM. les docteurs Leblanc, Escalonne et Bardou étaient, quelques heures après, c'est-à-dire vers midi, réunis au lit du malade. Le résultat de la consultation fut qu'une seule chance de salut restait, c'était une forte réaction des forces vitales qu'on chercha vainement à obtenir par une médication énergique. L'abbé Josse ne s'y trompa point, il vit bien qu'il n'y avait plus d'espérance qu'en Dieu, et, avec cette touchante sollicitude pour les autres qui fut le fond de son caractère et de sa vie, il recommanda d'abord à M. Desliens, qu'il voyait tout couvert de sueur et exténué de fatigue, de prendre quelques précautions pour sa propre santé, et ensuite il le pria de lui apporter le plus vite possible la sainte Eucharistie. On avait jusque là différé la communion à cause des vomissements dont nous avons parlé. M. Desliens s'empressa d'acquiescer à ce pieux désir, et, vers deux heures, M. Josse reçut pour la dernière fois dans sa poitrine mortelle le corps et le sang du Dieu auquel il avait consacré sa vie. Après l'avoir reçu, il prononça, de lui-même et avec une sérénité d'âme parfaite, ces paroles du Rituel catholique : *In manus tuas, Domine, commendo spiritum meum ; (Seigneur, je remets mon âme entre vos mains); et* puis il dit à M. Desliens, en lui serrant la main : *Au revoir! Vous pouvez vous retirer : maintenant je puis souffrir, le bon Dieu est avec moi.* Sur l'insistance de ce dernier qui, avec un zèle et une charité qui l'honorent, ne voulut pas quitter

son ami, celui-ci accepta jusqu'à la fin ses bons
soins, et causa tranquillement jusqu'à cinq heures
et demie. A cette heure, l'étouffement, qui était le
principal symptôme des crises, augmenta sen-
siblement et devint d'une intensité extrême; sur
la prière même du malade, M. Escalonne voulut
essayer de le soulager; il passa à cet effet dans
une pièce voisine, afin de préparer lui-même un
sinapisme qu'il voulait appliquer sur la poitrine; mais quand il revint, à six heures moins
un quart, l'abbé Josse rendait le dernier soupir
sans râle, sans agonie, dans le calme et la sérénité du juste.

A cinq heures et demie, comme il parlait encore avec M. Desliens du service de la paroisse,
le pauvre malade demandait à ce dernier de le
recommander le soir aux prières de ses paroissiens. Sur la réponse qui lui fut faite que tout
Fontainebleau connaissait son état et qu'on
n'avait attendu aucune recommandation pour
prier pour lui, il avait répondu: « Oh! alors,
remerciez bien, de ma part, *de ma part*, enten-
dez-vous, tous ceux qui ont prié pour moi. » Ce
furent là ses dernières paroles; elles ont été,
comme le voit, pour ses paroissiens, pour ses
fidèles amis.

VI

A neuf heures du soir, le corps inanimé de l'abbé Josse était revêtu de ses habits sacerdo-taux, placé sur un lit et transporté, avec le cérémonial catholique, dans la chapelle ardente qui avait été disposée à la hâte dans l'intérieur de l'église à laquelle il était attaché.

Il y resta exposé, le visage découvert, les mains jointes sur la poitrine, jusque dans la soirée du mardi. Ses traits n'étaient point altérés, sa figure calme rappelait involontairement la sérénité dont devait jouir sa belle âme, déjà en repos dans le sein du Seigneur.

Tout Fontainebleau put venir contempler et vénérer ses traits ; pendant tout le temps qu'il resta exposé, l'Église fut le centre d'une affluence considérable.

Il fut déposé dans le cercueil pendant la nuit du mardi au mercredi, et enlevé de cette place, où il avait reçu les hommages de toute la ville, un instant seulement avant la cérémonie des funérailles.

Un spectacle touchant s'est offert à nos yeux après l'enlèvement du cercueil : des mains pieuses sont venues successivement recueillir les fleurs

er les branches de laurier qui avaient été dissémi-
nées par d'autres mains pieuses sur l'estrade où le
corps avait reposé pendant un jour et deux nuits...

M. le curé et les vicaires de la paroisse de
Fontainebleau, ainsi que M. Claisse, aumônier
de l'hôpital, ami de cœur du défunt, étaient reve-
nus en toute hâte de Meaux, pour contribuer aux
derniers honneurs à rendre à ses restes mortels.

Selon l'usage, le convoi de l'abbé Josse, avant
de gagner le cimetière, a fait un long détour en
ville; on a remarqué que l'itinéraire suivi n'était
pas l'itinéraire habituel, et que, le convoi pas-
sant cette fois rue Saint-Merry, la fatigue des
porteurs, par une coïncidence singulière, les
força de s'arrêter devant la maison, juste en face
des fenêtres de la pièce où l'abbé Josse avait
rendu le dernier soupir. On eût dit que le pauvre
mort revenait donner un dernier souvenir à la
famille qui, avec un si complet dévoûme nt, lui
avait fermé les yeux.

Nous avons vu, conduisant le deuil, une famille éplorée et, à sa tête, un vénérable vieillard
courbé sous le poids de l'âge et le poids plus
lourd encore de la douleur; ce vieillard pleurait un fils; il pleurait un homme qui lui devait
le jour, qu'il avait élevé à la sueur de son front,
qui avait sanctifié sa maison, et qui était la joie,

l'orgueil et l'espérance de ses derniers jours...
Pauvre vieillard! Que de douleurs accumulées
sur une seule tête!

L'abbé Josse a été inhumé à la droite de
M. le curé Liautard. Fontainebleau n'a pas oublié les vertus de ce saint prêtre qui a passé lui
aussi, comme le divin maître, en faisant le bien.
Les âmes de ces deux justes sont placées là-haut
comme il a plu au Seigneur, mais les amis de
l'abbé Josse ont pensé que la place de ses restes
mortels était marquée à côté de celui dont il a
suivi les traces.

Un monument va être élevé à la mémoire de
l'abbé Josse, et ce monument est un hommage
de la ville reconnaissante. Il a suffi d'un simple
avis pour que les fonds nécessaires fussent réa-
lisés. Le chiffre de la souscription étant entièrement facultatif, le pauvre comme le riche a pu
apporter son offrande. Les dépôts ont été faits
au presbytère et chez le receveur de l'enregis-
trement. Pour qu'aucune considération d'amour-
propre ne vint altérer la sincérité de l'hommage,
les noms des souscripteurs et les chiffres de
souscription ont dû rester inconnus. *Le denier
de la veuve* a été accueilli avec la même reconnaissance que l'offrande du riche.

Le monument sera simple, une table de pierre

couchée et, sur cette table, une croix également
en pierre, revêtue de cette inscription d'une extrême simplicité : *Ci-gît l'abbé Josse.* Le tout
sera entouré de quatre bornes, reliées entre elles
par de grosses chaînes.

Ce monument sera exécuté avec du grès de la
forêt : la pensée des auteurs du projet a été
d'élever à l'abbé Josse un tombeau qui fut entièrement le produit de la localité, et qui fut en
même temps l'œuvre des carriers de la forêt, ouvriers dignes du plus grand intérêt et que le défunt avait particulièrement en affection.

VII

Telle fut la vie, telle fut la mort de l'abbé
Josse, telles sont les circonstances qui l'ont
accompagnée ou suivie. Après ce triste récit qui
contient tant de douleurs, et que nous avons eu
cependant le courage de faire jusqu'au bout, le
cœur éprouve le besoin de se reposer. Le lecteur
nous permettra-t-il de chercher en finissant un
autre ordre d'émotions? Si la mort a ses amer-
tumes, elle a aussi ses douceurs ; abîmés dans
ses tristesses, reposons-nous un instant dans
ses consolations.

La foi nous enseigne que toute chair est su

jette au péché et que le prix du péché est la mort; mais elle nous enseigne aussi qu'un sang divin a lavé les souillures de l'humanité et que la miséricorde divine ne fait jamais défaut à celui qui, pendant sa vie, a craint le Seigneur et pratiqué ses commandements. L'homme que nous pleurons est dans ce cas, et sa mort est celle du juste : c'est donc un devoir de foi de ne pas douter de son salut éternel.

C'en est fait, cette main amie que nous avons pressée et qu'enveloppe aujourd'hui le linceul, ne répondra plus à notre pression ; le corps de notre ami, livré au froid et à l'immobilité de la mort et, bientôt, au néant de la poussière, ne se relèvera plus qu'au dernier jour du jugement général ; détournons donc courageusement les yeux, et, en attendant qu'il plaise au Seigneur de réveiller cette cendre et de la revêtir d'immortalité, cherchons ailleurs ce qui pensait et aimait dans l'abbé Josse, cherchons, dans les profondeurs de l'infini, l'âme que la mort n'a pu atteindre. Dans les sublimes certitudes de la foi, et non dans les chimériques illusions de l'imagination, cette âme nous apparaîtra au milieu des splendeurs des cieux, mêlée aux glorieuses phalanges des saints, ravie dans l'éternelle extase de l'amour divin ; et alors, si nous surprenons encore une larme dans nos yeux, alors, nous rougirons presque de notre faiblesse et de notre égoïsme...

Si le bonheur du juste est une certitude de foi, de quel droit, en effet, des chrétiens persisteraient-ils à le pleurer? Un chrétien ne peut-il sacrifier une affection à la volonté providentielle de son Dieu, au bonheur de son prochain et de son ami?

Résignons-nous ; ce que fait Dieu est mieux que tout ce que nous pourrions faire ; sa science, comme dit l'Écriture, est merveilleusement élevée au dessus de nous; pour l'affliction suprême que nous envoie le Ciel, voici que descendent du Ciel de suprêmes consolations. L'âme de notre saint ami a dû être reçue dans le sein de la miséricorde divine, car pendant sa vie il a pratiqué la miséricorde ; car il a été le serviteur du Seigneur et, dès sa jeunesse il a dit : « Me voici, il est écrit de moi que j'accomplirai votre volonté, je l'ai voulu et votre loi est gravée dans le fond de mon cœur » (1); car « il a raconté aux générations la gloire du Très-Haut, afin qu'elles mettent en lui leur espérance et qu'elles gardent ses commandements » (2); car « il a cherché

(1) Psaume XXXIX.
(2) Psaume LXXVII.

son Dieu dès l'aurore et sa chair s'est consumée pour lui » (1); car il a immolé sur ses autels les passions et les joies terrestres, il a sacrifié les fêtes, les pompes, les affections profanes, pour prêcher sa parole, enseigner ses voies et répandre ses grâces; car, revêtu de la mission apostolique par Dieu même, il a passé en versant en son nom sur le front du nouveau-né l'eau sanctifiante du baptême, et, sur le front du pécheur repentant, le pardon régénérateur de l'absolution; en visitant le pauvre, le prisonnier, le malade, le mourant et en distribuant à tous le pain de la vie éternelle; car le Très-Haut, dont les paroles sont « un argent éprouvé par le feu et purifié jusqu'à sept fois » a dit par la bouche de son apôtre : *Beati mortui qui in Domino moriuntur... opera enim illorum sequuntur illos. (Bien-heureux ceux qui meurent dans le Seigneur... car leurs œuvres les suivent).*

Résignons-nous; sur une tombe, déjà si féconde en grands enseignements, montrons le courage et les grandeurs que renferme notre foi; à l'impie qui la dénigre parce qu'il ne la connaît pas, montrons que les chrétiens, que le

(1) Psaume LXII.

monde appelle les faibles, sont au contraire les forts !

VIII

Et maintenant, noble ami, à vous ces dernières paroles, à vous cette dernière prière ! Si, du sein des cieux, votre regard peut nous atteindre dans le fond de notre exil ; si, des hauteurs où vous êtes, vous pouvez encore nous reconnaître dans notre petitesse, veillez sur le peuple que vous avez aimé, sur ceux qui vous ont pleuré et qui gardent votre souvenir. Obtenez-leur, s'il est possible, les bénédictions du Dieu dont vous contemplez aujourd'hui la gloire, obtenez-leur de vivre et de mourir comme vous !

Et si le souvenir des pauvres amitiés de la terre vous est resté dans les grandeurs de l'amour divin, daignez agréer et bénir ce petit écrit, ce modeste hommage d'une plume et d'un cœur d'ami. Daignez l'agréer et le bénir, non à cause de lui, mais à cause du sentiment et des intentions qui l'ont dicté... Quant à mon droit, il était sacré : c'était celui de la reconnaissance.

FIN.

Fontainebleau, imprimerie de E. Jacquin.